КОНЦЕПЦІЯ СТРАТЕГІЇ БЛАКИТНОГО ОКЕАНУ

Досягти успіху через інновації та зробити конкуренцію неактуальною

КОНЦЕПЦІЯ СТРАТЕГІЇ БЛАКИТНОГО ОКЕАНУ

Досягти успіху через інновації та зробити конкуренцію неактуальною

написаний Pierre Pichère
перекладено Yaroslav Melnik

50MINUTES.com

КОНЦЕПЦІЯ СТРАТЕГІЇ БЛАКИТНОГО ОКЕАНУ

КЛЮЧОВА ІНФОРМАЦІЯ

- **Ім'я:** Стратегія Блакитного океану.

- **Застосування:** Бізнес, маркетинг та інновації.

- **Чому вона успішна?** Вона віддаляє бізнес від конкуренції, гарантує результативність і може бути адаптована до будь-якого сектору.

- **Ключові слова:** Блакитний океан, Червоний океан, стратегія, інновації, створення нових стратегічних просторів, конкуренція, бізнес.

  - <u>W. Чан Кім</u> (1952 р.н.) є членом Всесвітнього економічного форуму в Давосі та вважається одним з найвпливовіших мислителів у сфері управління та бізнесу за версією Harvard Business Review. Разом з Рене Моборн очолює Інститут стратегії Блакитного океану в INSEAD (Європейський інститут бізнес-адміністрування), де він також працює професором.

  - <u>Рене Оборн</u> (1963 р.н.) — відомий професор стратегії та співдиректор Інституту стратегії Блакитного океану. У 2013 році вона увійшла до п'ятірки найкращих професорів програм МВА, а роком пізніше отримала нагороду Карла Слоуна (Carl S. Sloane Award for

Excellence), яка присуджується Асоціацією фірм з управлінського консалтингу за досягнення в галузі досліджень.

ВСТУП

У сучасному мінливому міжнародному бізнес-середозищі креативність стає ключем до довгострокової ефективності. Потреба в нових перспективах в інноваційній політиці компаній призводить до появи новаторських ідей. Стратегія «Блакитного океану» чудово це ілюструє.

Історія

Ця стратегія, викладена у 2005 році В. Чан Кімом та Рене Оборн у книзі «*Стратегія блакитного океану: Як створити безперечний ринковий простір і зробити конкуренцію несуттєвою* (перекладена 43 мовами світу накладом 3,5 млн. примірників), перевертає теоретичні засади стратегічних бізнес-інновацій з ніг на голову. Вона заохочує всіх економічних суб'єктів робити те ж саме – за допомогою креативних інновацій, так званих "проривних", – інвестуючи в технології, завойовуючи нові ринки або навіть співпрацюючи з іншими соціально-економічними суб'єктами.

Ця стратегія є результатом низки досліджень і узгоджується з низкою інших досліджень, зокрема, архітектора Клейтона Крістенсена (1952 р.н.) та Майкла Рейнора (1967 р.н.), керуючого директора компанії Deloitte Services LP. Вона пропонує низку інструментів для створення системного процесу інновацій.

Для більш глибокого вивчення цієї концепції у 2007 році в кампусі Фонтенбло INSEAD було відкрито Інститут стратегії Блакитного Океану (Blue Ocean Strategy Institute). Завдяки своїй книзі обидва автори були удостоєні незліченних нагород і здобули міжнародне визнання як у сфері бізнесу, так і в світі маркетингу.

Визначення моделі

Модель Блакитного океану переосмислює класичний спосіб представлення стратегій розвитку. Ігор Ансофф (1918-2002) в одній з перших публікацій, присвячених бізнес-стратегії, *"Корпоративна стратегія"* (1965), та Майкл Портер (нар. 1947) з його моделлю п'яти сил конкуренції та ланцюжків створення вартості також є частиною цього переосмислення бізнес-стратегії. Їхні моделі і сьогодні використовуються в ряді секторів.

Кім та Оборн виділяють два типи ринків, на яких діють економічні стейкхолдери:

- Ринки, які називають **"червоними океанами", являють собою** насичені ринки. Можливості для зростання є рідкісними, оскільки в них задіяно так багато зацікавлених сторін, які запекло борються за збільшення своєї частки ринку. Червоний колір відноситься до конкуренції, а також до постачальників, клієнтів і консультантів із закупівель, які прагнуть максимізувати власну маржу і частку ринку або інші показники прибутковості (іноді за рахунок аутсорсингу, злиття, банкрутства і т.д.).

- Ринки, які називають **"блакитними океанами", являють собою** нові сфери, де бізнес може розвиватися самостійно, з дуже незначною конкуренцією (або взагалі без неї), завдяки радикальним інноваціям. Ця концепція змінює структуру ринку, створюючи нескінченну кількість (або «океан») нового попиту. Автори називають це «ціннісною інновацією» або, в більш широкому сенсі, "корисною інновацією".

Чітко відрізняючись від класичних підходів, орієнтованих на диференціацію через якість, лідерство у витратах або концентрацію, стратегія блакитного океану заохочує підприємства вирватися за рамки існуючих параметрів попиту та пропозиції і дослідити інші середовища, де вони можуть створити нову цінність і таким чином забезпечити собі лідируючі позиції.

ТЕОРІЯ, ЩО ЛЕЖИТЬ В ОСНОВІ КОНЦЕПЦІЇ

Розрізняючи червоні і блакитні океани, Кім і Моборн пропонують аналіз, що поєднує стратегію, маркетинг та інновації.

ЧЕРВОНІ ОКЕАНИ ПРОТИ БЛАКИТНИХ ОКЕАНІВ

Аналіз життєвого циклу продукту, що бере свій початок у маркетингу, є класичним методом: після запуску настає зростання, потім – зрілість, а потім – занепад. Це міркування враховує обсяги продажів і тривалість життя продукту (чим більша швидкість впровадження інновацій, тим коротший життєвий цикл продукту).

А як щодо поточної та потенційної прибутковості? Це залежить від конкуренції, яка визначає ціни, а також від здатності компанії управляти власною собівартістю та розробляти стратегії проникнення, забезпечуючи міцне охоплення ринку. Продукт, який все ще перебуває у «фазі зростання», часто продається багатьма продавцями. Саме тоді починається гонка за зниженням цін. Це саме те, що Кім і Оборн називають «червоним океаном» – відомим стратегічним простором, де зацікавлені сторони приймають параметри і жорстко конкурують один з одним. Вже зараз зрозуміло, що просте застосування цієї типології призводить до стратегічного вибору щодо асортименту продукції та фінансової рівноваги з точки зору коротко-, середньо- та довгострокової прибутковості та зростання.

У сучасному економічному контексті зростає кількість «червоних океанів», оскільки більшість продукції позиціонується на зрілих ринках. Крім того, міжнародна відкритість майже кожного ринку заохочує все більшу кількість зацікавлених сторін, що передбачає певну конкуренцію, яка майже не компенсується появою нових економічних секторів, викликаних технологічним прогресом. Кім та Оборн зазначають, що вижити в червоному океані особам, які приймають рішення, допомагає традиційна теорія бізнесу: концентрація на основному бізнесі, аутсорсинг з метою зниження собівартості тощо.

Стратегія блакитного океану спонукає зацікавлені сторони відмовитися від червоних океанів, які не створюють достатньої цінності, і рухатися до блакитних океанів. У цих нових стратегічних просторах кожен бізнес може розвиватися самостійно і, принаймні на певний час, не буде обмежений надмірною конкуренцією та ціновими війнами.

ПЕРЕМИКАННЯ ОКЕАНІВ ЗА ДОПОМОГОЮ ЦІННІСНИХ ІННОВАЦІЙ

Ключ до переходу від червоного океану до блакитного — це інновації. Однак інновацій, заснованих виключно на технологіях, недостатньо. Кім і Оборн називають процес радикального поділу, який веде до блакитного океану, «ціннісними інноваціями». Ця концепція працює як для бізнесу, який шукає економічну ефективність, так і для клієнтів, які повинні бути задоволені.

Безумовно, інновації, описані двома авторами, вимагають участі економічних стейкхолдерів, чим відрізняються від традиційного неокласичного підходу, який розглядає інновації як щось зовнішнє. Це добровільний крок, зроблений бізнесом, який повинен буде переглянути весь свій підхід для того, щоб перехід був успішним. У цьому відношенні він є рушійною силою самих економічних стейкхолдерів. Цей підхід до інновацій бере свій початок від Жана-Батіста Сея (журналіст та економіст, 1767-1832) і продовжується сьогодні через цілу низку економістів з дуже різними ідеями, таких як Карл Маркс (1818-1883) та Йозеф Шумпетер (1883-1950).

Назва «ціннісні інновації» відображає мету блакитного океану: створення більшої цінності як для споживачів, що, в свою чергу, приваблюватиме нових клієнтів, так і для бізнесу, де структури ціноутворення будуть широко переглянуті з метою зміни ринкових параметрів.

ПОВНА ПЕРЕОЦІНКА

Розробка стратегії блакитного океану вимагає переосмислення всіх базових передумов даного ринку, які дослідження ринку описують шляхом аналізу існуючої структури.

- Якщо товар купують переважно чоловіки, як зробити його привабливим для жінок?

- Якщо вона розповсюджується виключно через третіх осіб, то чи можна орієнтуватися безпосередньо на кінцевого споживача?

- Якщо ним користуються лише фахівці, чи можна його популяризувати?

Таким чином, інновації не означають підвищення цін, що часто трапляється з інноваціями, заснованими на технологіях. Перепозиціонування продукту на ринку шляхом розширення його аудиторії може призвести до суттєвого збільшення кількості проданих одиниць, що в свою чергу знижує ціну за рахунок розподілу постійних витрат. Крім того, переосмислення способів використання продукту може дозволити вилучити деякі опції або функції, які раніше вважалися необхідними, і таким чином знизити кінцеву ціну. Однак, стратегія блакитного океану не призводить до автоматичного зниження цін, навіть якщо це часто відбувається. Як приклад, згадайте, як персональні комп'ютери витіснили мейнфрейми минулого, або як наші смартфони все частіше замінюють стаціонарні телефони.

ВИКЛЮЧЕННЯ, ПОСИЛЕННЯ, СКОРОЧЕННЯ І СТВОРЕННЯ

Стратегія блакитного океану передбачає «переміщення курсору». Після того, як визначено параметри ринку компанії, необхідно визначити, що потрібно посилити, що зменшити, що виключити і, нарешті, що створити (хоча цей останній фактор спочатку не входив до переліку).

Такий підхід можна проілюструвати прикладом з автомобільної галузі. У 1998 році Луї Швейцер, тодішній власник компанії Renault, оголосив про радикальну інновацію для автомобільного ринку: недорогий автомобіль. Це підприємство призвело до створення моделі Logan. Спочатку призначений для ринків Східної Європи, автомобіль мав успіх і у Франції, яка стала першою країною, що імпортувала Logan, виготовлений на заводах Automobile Dacia в Румунії.

Цей успіх був досягнутий завдяки стратегії переосмислення моделі. Загалом, автомобільна промисловість передбачала гонку за "кращим": більші транспортні засоби, більший комфорт, більша безпека, більше функцій і, відповідно, вищі ціни. Оптимізувавши синергію між різними автомобілями на заводах Automobile Dacia, придбаних у 1999 році, і відійшовши від ідеї розкішного автомобіля, Renault відкрила для себе секрет успіху. Logan продавався за 4500 євро в країнах з економікою, що розвивається, і за 7500 євро у Франції, де споживачі хотіли якомога менше опцій.

Однак, низька вартість не означає якість. Незважаючи на те, що Logan не має приладової панелі з горіхового дерева, він надзвичайно міцний, оскільки орієнтований на ринки, де дорожні умови часто далекі від ідеальних або де технічне обслуговування автомобілів набагато менш розвинене, ніж у західних країнах.

Так само Renault відірвалася від минулого, не обмежуючи свої менш дорогі автомобілі невеликими міськими моделями (такими як Twingo з 1990-х років або Smart car). З Logan, Renault запропонував сімейний автомобіль з великим простором всередині і великим багажником.

Переосмисливши свою стратегію, Renault залучила більше клієнтів, ніж очікувалося: крім виходу на цільовий ринок країн з економікою, що розвивається, Logan також сподобався французьким споживачам, які через обмежений бюджет змушені були б купувати секонд-хенд. Недорогий автомобіль захопив ту частину ринку, яка не особливо звертає увагу на зовнішній вигляд автомобіля, а шукає, перш за все, хороший баланс між якістю і ціною.

ОБМЕЖЕННЯ ТА РОЗШИРЕННЯ МОДЕЛІ

Наукова строгість стратегії блакитного океану здається сумнівною в деяких моментах, і дехто вважає, що краще було б розглядати її як привабливий спосіб висвітлення успіхів певних компаній у перспективі. Крім того, існує практично нескінченна кількість інших теорій, спрямованих на розуміння стратегій успішних компаній, таких як відома книга Томаса Пітерса 1982 року *"У пошуках досконалості"* (*In Search of Excellence*).

СТРАТЕГІЯ БЛАКИТНОГО ОКЕАНУ: ДОРОГОВКАЗ ЧИ РЕВОЛЮЦІЙНИЙ МЕТОД?

Стратегія блакитного океану не позбавлена критиків. Хоча вона пропонує велику кількість прикладів, взятих з кожного сектору економіки, що робить її легкою для читання, дехто вбачає в цьому широкому діапазоні посилань свідчення відносної слабкості теорії. Інші також підкреслюють дедуктивний підхід, використаний Кімом і Оборном, які, згідно з цією критикою, взяли за відправну точку ряд вражаючих успіхів, а потім шукали загальну ідею, яка б охоплювала всі ці успіхи. У такій інтерпретації стратегія блакитного океану є скоріше ретроспективним прочитанням, ніж інноваційним та ефективним методом розвитку креативного підходу до ринку, хоча автори рекомендують кроки для переходу від червоного океану до блакитного океану. Таким чином, будь-який бізнес-успіх можна трактувати як застосування, усвідомлене чи ні, стратегії блакитного океану. Приклади з історії бізнесу, починаючи від Генрі Форда (американський промисловець, 1863-1947) і закінчуючи Гі Лалиберте (засновник Cirque du Soleil, 1959 р.н.), схоже, підводять до такого висновку, оскільки люди практикували цей метод у минулому, не знаючи про нього.

З точки зору соціальних наук, між прикладами бракує зв'язності, що робить порівняння, зроблені в книзі, науково сумнівними. Чи були вихідні точки для кожного з різних підприємств, що використовувалися в якості прикладів, схожими? Крім того, в книзі не описана початкова ситуація «червоного океану», оскільки немає відносної або абсолютної кількості гравців на ринку або критеріїв з точки зору конкуренції, які б вказували на те, що бізнес входить в «червоний океан». Аналогічно, блакитний океан навряд чи можна виміряти, що може мати катастрофічні наслідки, якщо бізнес зробить крок у невідомість, обравши інновації, не знаючи, чи буде це сприйнято та підтримано клієнтами.

Ціннісна інновація, яка лежить в основі рекомендованої авторами стратегії, є недостатньо визначеною, що ускладнює її утвердження як нової концепції. Самі приклади демонструють цю слабкість. Вони взяті з різних сфер, а саме: маркетинг, упаковка та реклама, організація бізнесу, технологічні та наукові інновації. Таким чином, ціннісні інновації можна охарактеризувати як поєднання доданої вартості для бізнесу та нижчих цін для споживача. Однак питання про те, чи є це результатом технологічних інновацій або кращого позиціонування на ринку, залишається без відповіді. Вплив ціннісних інновацій видається незрозумілим, оскільки ця концепція може охоплювати як революцію на рівні продукту, так і впровадження більш ефективної комунікації зі споживачами.

Деякі критики також мають застереження щодо самого методу. Згідно з цією точкою зору, спираючись на детальну інтерпретацію кривої цінності, стратегія блакитного океану не дає можливості для проривних інновацій, а призводить лише до інкрементних інновацій, тобто вдосконалення існуючих продуктів або процесів. Дійсно, підхід Кіма та Оборна базується на використанні того, що вже існує, щоб уявити щось нове, тоді як радикальні інновації можуть відбутися лише за умови повного відходу бізнесу від поточної ситуації. Як ми побачимо далі, обидва автори значною мірою надихаються існуючими та потенційними клієнтами компаній для того, щоб придумати нову пропозицію. Втім, деякі нововведення, зокрема найбільш радикальні, зустрічаються зі скептицизмом. Дійсно, інновації не завжди отримують негайне схвалення з боку громадськості. У своїй критиці стратегії блакитного океану консультант з інновацій Бенуа Саразен (фахівець з «маркетингу невизначеності») зазначає, що компанії «Нестле» знадобилося 15 років, щоб привернути увагу до кави «Неспрессо», і що Гі Лаліберте не мав миттєвого успіху з «Цирком дю Солей». Таким чином, метод не є безпомилковим рецептом успіху.

ІННОВАЦІЇ ВІД ЕКОНОМІКИ ДО БІЗНЕСУ: СУМІЖНІ МОДЕЛІ

Хоча вони мають намір удосконалити теорію інновацій, Кім і Оборн, безперечно, йдуть слідами Йозефа Шумпетера (1883-1950), мислителя, який стоїть за концепцією творчого руйнування. Цей економіст розглядав усі аспекти інновацій, як з точки зору організації бізнесу для роботи і виробництва, так і з точки зору ринкових можливостей для продукції. Подібним чином стратегія блакитного океану призводить до руйнування (або, принаймні, скорочення) старих, зрілих ринків на користь новостворених ринків. На додаток до вже згаданої теорії життєвого циклу продукту, можна також розглянути ризик канібалізації. В рамках маркетингової стратегії управління товарним асортиментом це може призвести до скорочення обсягів продажу або частки ринку існуючих продуктів, незалежно від сектору діяльності: тому важливо оцінити, чи буде прибуток, отриманий від нового продукту, більшим, ніж потенційні збитки від існуючих продуктів. Бізнес, по суті, конкурує сам із собою. Однак така канібалізація може виявитися хорошою стратегією для розширення бренду (наприклад, Marlboro), оскільки вона дозволяє компанії вийти на новий ринок і отримувати прибуток від нього. У цьому сценарії ми можемо вловити проблиск мрії про блакитний океан.

Червоний океан і блакитний океан нагадують концепції традиційних і проривних інновацій, запропоновані Майклом Е. Рейнором і Клейтоном М. Крістенсеном у їхній першій книзі *"Дилема інноватора: коли нові технології призводять до краху великих фірм"* (1997 р.). На їхню думку, існуючі інновації покращують існуючі продукти, тоді як підривні інновації усувають конкуренцію, створюючи новий ринок. Цей підхід добре вписується в стратегію «блакитного океану». Існуючі інновації відповідають зусиллям, що докладаються економічними суб'єктами для виживання в червоному океані, тоді як підривні ічновації нагадують позитивні наслідки для бізнесу, який досяг блакитного океану.

ЗАСТОСУВАННЯ

Стратегія блакитного океану – це стратегічний метод, який передбачає кілька кроків.

ПОРАДИ ТА КРАЩІ ПРАКТИКИ

Шість питань для руху до блакитного океану

Кім і Оборн визначають шість центральних питань, пов'язаних зі створенням стратегії блакитного океану.

- **Які альтернативи існують на ринку?** Це передбачає прийняття точки зору покупця для визначення наявних варіантів. Два різних продукти, які їх виробники можуть вважати цілком незалежними, можуть опинитися в конкуренції через купівельні наміри споживача. Наприклад, відпустка і робота по дому – це, здавалося б, не пов'язані між собою витрати, які, тим не менш, впливають одна на одну: в рік, коли сім'я ремонтує кімнату в будинку, вона майже напевно витрачатиме менше коштів на літню відпустку.

- **Якими є інтереси залучених стратегічних груп?** Це питання визначення пріоритетності основних інтересів різних стратегічних груп, що беруть участь у проекті. Як правило, їх дві: ціна і продуктивність.

- **Як складається ланцюжок покупців та користувачів?** Деякі компанії продають безпосередньо користувачам, а інші продають через третіх осіб. Розрив цього ланцюжка може стати шляхом до блакитного океану. Саме так вчинила компанія Nespresso, створивши власну мережу магазинів високого класу, замість того, щоб продавати свої кавові капсули через традиційні мережі (великі продовольчі ритейлери).

- **Які продукти та супутні послуги?** Це питання є важливим, оскільки воно дозволяє підприємствам впроваджувати успішну стратегічну послідовність, передбачаючи послідовність як єдине ціле. Успіх компанії Apple на початку 2000-х років був зумовлений визнанням того, що контент (в основному цифрові завантаження) є життєво важливою пропозицією поряд з її продуктами (iPod тощо).

- **Яке функціональне чи емоційне наповнення сектору?** Додавання цінності або, навпаки, позбавлення продукту надмірної символічної ваги є частиною пошуку блакитного океану. Компанія Nespresso, яка змогла зробити так, що її кавові капсули здаються розкішними, є ключовим прикладом цього.

- **Які основні тенденції визначають поведінку споживачів?** Захист навколишнього середовища та пошук особистої самореалізації є основними тенденціями в сучасному суспільстві, що робить їх важливим джерелом натхнення при формуванні уявлення про продукти та послуги блакитного океану.

Стимулювання та креативність: шлях з 4-х кроків

Потім Кім і Оборн запропонували метод застосування стратегії блакитного океану в бізнесі. Вони виділяють чотири ключові кроки:

- **Візуальне пробудження** передбачає проектування кривої цінності. За кожним критерієм, з якого складається пропозиція, компанія визначає свої слабкі та сильні сторони по відношенню до конкурентів. Цей перший крок в основному служить для створення консенсусу між командами в компанії, використовуючи представництво, щоб підкреслити необхідність змін для створення цінності. Він також позиціонує компанію по відношенню до її конкурентів. Диференціація яскраво виражена чи відсутня? Шлях, яким слідують дві криві, зробить це зрозумілим.

- **Візуальна розвідка** передбачає вихід у поле для оцінки інноваційного потенціалу, який необхідно розвивати. Компанія не може впливати на ринок, якщо вона не знає своїх споживачів. Регулярні консультації з клієнтами необхідні, але цього недостатньо. Клієнт не обов'язково є користувачем продукту. Оскільки стратегія блакитного океану спрямована на розширення існуючої клієнтської бази, варто також поспілкуватися з непов'язаними клієнтами, щоб дізнатися про їхні звички та очікування.

- **Візуальні ярмарки стратегій**, організовані між членами компанії та зовнішніми учасниками (клієнтами, цільовими споживачами, партнерами тощо), дозволяють оцінити релевантність критеріїв пропозиції. Мета полягає в тому, щоб побудувати стратегію, засновану на інших речах, крім інтуїції, і подолати внутрішні перешкоди, такі як опір змінам.

- **Візуальна комунікація** відбувається після того, як визначена стратегія. Вся команда повинна бути включена в революцію компанії. Так само, як розуміння існуючих обмежень було візуалізовано за допомогою кривої цінності, на цьому етапі також потрібна діаграма. Це полегшить візуалізацію нових цілей і дозволить кожному, незалежно від його рівня в ієрархії, долучитися до стратегії блакитного океану.

Продукти першопрохідців, мігрантів та переселенців

Серед інструментів, запропонованих Кімом та Моборном, корисним для побудови стратегії виявився аналіз продуктів компанії. Автори пропонують сортувати продукцію за трьома категоріями:

- **Переселенці** – це продукти, які відповідають галузевим нормам. Ці продукти або послуги відповідають найновішій кривій вартості, і їхні майбутні перспективи дуже обмежені на наших ринках, що швидко розвиваються. Вони належать до червоного океану.

- **Піонери** – це продукти, які створюють безпрецедентну цінність. У найближчі роки очікується масове споживання та потужне зростання. Вони уособлюють блакитний океан.

- **Мігранти** знаходяться між двома попередніми категоріями. Хоча вони додають цінності для клієнта і компанії, вони не є достатньо інноваційними, щоб залишитися назавжди в блакитному океані.

Вихід на нових клієнтів

Залучення нових клієнтів лежить в основі стратегії «блакитного океану». Для того, щоб вижити в червоному океані, компанії змушені відбирати частку ринку у своїх конкурентів. Однак, хоча клієнти переходять від однієї компанії до іншої, розмір ринку залишається незмінним. І навпаки, стратегія блакитного океану спрямована на розширення ринку за рахунок відсунення його кордонів, завдяки включенню клієнтів з категорій, які до цього часу не купували даний вид продукції або не користувалися даним видом послуг.

Існує три різні типи неспоживачів:

- **"Майбутні" не клієнти** час від часу купують товари чи послуги, які пропонує компанія, але очікують на кращу пропозицію. Чим більше таких клієнтів, тим більш крихким є ринок. У такий спосіб британська мережа ресторанів Prêt à Manger залучає професійну клієнтську базу, яка раніше ходила до традиційних ресторанів, оскільки не мала нічого кращого.

- **"Відмовники"**, також відомі як "зневажливі неспоживачі" (Kotler and Keller, 2006), ніколи не користуються продукцією або послугами досліджуваного ринку, можливо, тому, що вони проти них або тому, що вони не можуть їх собі дозволити. Наприклад, люди, які живуть у центрі міста, не сприймають повноприводні автомобілі, оскільки вони мають репутацію таких, що дуже забруднюють навколишнє середовище і їх важко припаркувати в місті.

- **"Недосліджені" неспоживачі** не відразу звертають увагу на цей ринок, оскільки особи, які приймають рішення, ніколи не брали на себе клопоти щодо їхнього пошуку. Тим не менш, вони можуть бути потенційними клієнтами.

КЕЙС: WII, БЛАКИТНИЙ ОКЕАН NINTENDO

У 2006 році компанія Nintendo випустила Wii. Ця ігрова консоль мала стрімке зростання, що принесло компанії значні прибутки протягом декількох років. Хоча продажі консолі були дуже хорошими, успіх був найбільш очевидним щодо самих відеоігор. Wii Sports була продана в кількості понад 80 мільйонів копій, що набагато більше, ніж у її конкурентів. Підхід Nintendo можна охарактеризувати як стратегію блакитного океану, оскільки він призвів до значних змін у технологіях, а також переосмислив цінову політику та межі ринку.

Wii за шістьма питаннями стратегії блакитного океану

- **Які альтернативи є на ринку?** Замість того, щоб позиціонувати себе по відношенню до своїх конкурентів на ринку відеоігор, Nintendo зацікавилася дозвіллям населення. Оскільки художня та творча діяльність, а також здоров'я та фітнес були важливими секторами з 2000-х років, фірма вирішила створити свій власний ринок. Для цього вона поєднала свій досвід в ігрових приставках з розробкою нових напрямків використання: спорт (гра Wii Sports продана в кількості понад 80 млн. копій), танці, підтримання фізичної форми, відтворення музики тощо. Всі ці віртуальні активності стали можливими завдяки технології Wii, яка базується на виявленні руху замість традиційного джойстика.

- **Які інтереси задіяних стратегічних груп? За** ціною Wii позиціонувалася нижче своїх основних конкурентів, які поступово змушені були підтягуватися. Така стратегія розширила ринок відеоігор, орієнтуючись на більш старшу і менш полонізовану аудиторію. Продукт, хоча і є інноваційним за своєю функціональністю, є менш якісним за деякими своїми компонентами порівняно з конкурентами — PS3 та Xbox. Таке зниження стандартів знижує ціни за рахунок незначного обмеження технологічних можливостей, які менш важливі для консолі, створеної для будь-якого віку, з іграми, які менш орієнтовані на швидкість і високу роздільну здатність.

- **Як будується ланцюжок покупців та користувачів?** Компанія Nintendo, що займається відеоіграми з моменту свого заснування наприкінці [19-го] століття, вирішила напряму звертатися до своїх користувачів, оминаючи третіх осіб, з метою продажу ігор, доступних для Wii. Такий тип розвитку став можливим зараз, коли використання Інтернету стало набагато більш поширеним. У 2006 році, одночасно із запуском своєї революційної ігрової системи, компанія Nintendo також розробила магазин Wii Shop, який дозволив користувачам заробляти бали лояльності за свої ігрові покупки.

- **Що це за продукти та додаткові послуги?** Успіху Wii сприяли два взаємодоповнюючих продукти: аксесуари та ігри. Wiimote, пульт дистанційного керування для Wii, зв'язується з консоллю через Bluetooth. Оснащений акселерометром, він передає на консоль рухи гравця: стрибки, рухи вбік, повороти тощо. Пізніше з'явилися й інші аксесуари, зокрема мікрофон та планшет для малювання, що дозволило користувачам грати на приставці в настільні ігри на кшталт Pictionary, орієнтуючись таким чином на сімейний ринок. Nintendo, звичайно, подбала про продаж більш популярних продуктів Wii, таких як Mario Bros. і Zelda. Нарешті, центральне місце в успіху консолі займають монітори серцевого ритму і балансирна дошка Wii, яка розпізнає рухи ніг і може перетворити будинок гравця на тренажерний зал, використовуючи консоль в якості інструктора. Це ставить консоль на півдорозі між іграми і фітнесом.

- **Яке функціональне чи емоційне наповнення сектору?** Відеоігри мають як технологічний, так і культурний зміст. Розвиток, що спостерігається з моменту появи перших моделей консолей у 1970-х роках, був величезним і дуже швидким. Варто зазначити, що на зміну Wii вже прийшли інші продукти. Розвиток нагадує розвиток комп'ютерів — від великих центральних блоків до портативних пристроїв і планшетів з сенсорним екраном. Однак відеоігри мають і культурний резонанс: наприклад, перші ігри, багато з яких були випущені компанією Nintendo, стали орієнтирами для покоління, яке виросло в 1980-х роках. Світи Space Invader, Mario Bros. або Zelda є невід'ємною частиною колективної уяви. Більш сучасні ігри створюють спільноти геймерів, які обмінюються інформацією та формують віртуальні стосунки. Компанія Nintendo змогла зберегти цей сильний культурний вимір у своїх іграх для Wii, але відійшла від цієї технологічної культури, щоб розширити свою пропозицію. Як наслідок, гравці, яким за шістдесят, не відчувають ностальгії і не сумують за світом Super Mario. Щоб заохотити їх придбати ігрову приставку, необхідно запропонувати альтернативні перспективи та зробити більший акцент на функціональність, ніж на технології. Навігація та дисплей у Wii значно спрощені, що дозволяє користувачеві, незалежно від рівня його технологічних знань, відчувати себе комфортно.

- **Які основні тенденції визначають поведінку споживачів?** В іграх, запропонованих для Wii, компанія Nintendo змогла вловити основні тенденції розвитку західних суспільств. Старіння суспільства, яке в Японії є більш вираженим, ніж деінде, надихнуло на розробку цієї консолі, яка є більш універсальною, ніж її конкуренти. Програма тренування мозку від доктора Кавашіми (1959 р.н.) також користується значним успіхом, що зумовлено попитом з боку клієнтів старшого віку. Особистісний розвиток та самовираження через творчість і тіло є важливими прагненнями сучасного суспільства. Протягом декількох років компанія Wii змогла скористатися цими тенденціями, запропонувавши новий продукт, який надавав більшу цінність для споживача — ігрову приставку, яка дозволяє користувачам підтримувати фізичну та розумову форму — з низькими виробничими витратами. Таким чином, Nintendo змогла отримати прибуток від Wii, і не лише за рахунок продажу ігор. Тим часом, деякі з її конкурентів були менш успішними, і були змушені продавати свої консолі зі збитками і надолужувати згаяне за рахунок супутніх товарів і послуг.

Wii та її три типи не-споживачів

Успіх Wii є результатом чудового аналізу не-споживачів, який відсунув кордони ринку. Nintendo могла б задовольнитися боротьбою за отримання та утримання технологічної або цінової переваги, що дозволило б їй збільшити свою частку на ринку. Однак ця перевага, ймовірно, була б лише тимчасовою, оскільки конкуренти швидко відреагували б на це. Тому вони не боролися за «майбутніх» клієнтів, тобто тих, хто може переходити від одного постачальника до іншого залежно від пропонованих ними продуктів і послуг.

Nintendo вдалося залучити "відмовників", незважаючи на те, що, як і телебачення кілька років тому, відеоігри викликають суперечки. Їх звинувачують у тому, що вони створюють залежність серед молоді та привчають до екстремального насильства. Однак, важко нівелювати цю критику на адресу Wii Sports, яка дозволяє користувачам грати в теніс або боулінг у своїй вітальні. Ця гра була продана в кількості 80 мільйонів одиниць, що робить її найбільш купованою відеогрою в історії, випереджаючи навіть Super Mario Bros. з її 40 мільйонами проданих одиниць.

Нарешті, Nintendo залучила «недосліджених» клієнтів, які ніколи не досліджували світ ігор. Користувачі, які не особливо захоплюються графікою або технологіями, в тому числі дорослі і люди похилого віку, знайшли в Wii те, що дозволяє їм розслабитися і розважитися. Ще кілька років тому таке явище здавалося б немислимим.

У 2012 році компанія Nintendo спробувала повторити свій успіх, випустивши Wii U, яка мала стати наступником Wii. На жаль, здавалося б, за шість років середовище сильно розвинулося, особливо завдяки використанню сенсорних планшетів та смартфонів. Доступ до ігор зараз настільки поширений, що все менше людей використовують консолі, які тепер є прерогативою меншої аудиторії ентузіастів. Яке майбутнє чекає на цю інноваційну компанію?

РЕЗЮМЕ

- Стратегія блакитного океану – це нова модель управління бізнесом, орієнтована на результативність.

- У світі, де зростає конкуренція, компанії виснажують себе, намагаючись отримати перевагу над своїми конкурентами, що призводить до збільшення кількості банкрутств.

- Ця інноваційна стратегія, теоретично розроблена професорами INSEAD В. Чан Кімом та Рене Оборн, описує, як бізнес може звільнитися від жорсткої конкуренції на ринках «червоного океану», знайшовши ринки «блакитного океану», де він може розвиватися наодинці (на деякий час).

- Метафора червоного океану (сектори з сильною конкуренцією) та синього океану (нішеві ринки з незначною конкуренцією) дозволяє описати ринок в цілому.

- Перехід від червоного океану до блакитного відбувається через ціннісні інновації, які збільшують споживчу цінність для клієнта і одночасно покращують економічну модель бізнесу. Це також може призвести до зниження відпускних цін.

- Стратегія блакитного океану базується на зміні параметрів ринку, перегляді цінностей і переконань компанії та залученні клієнтів, які раніше не були знайомі з цим ринком, шляхом зміни методів позиціонування та дистрибуції.

- У періоди фінансової невизначеності та великого занепокоєння щодо скорочення витрат важливо враховувати фінансові та технічні ризики, пов'язані з ринком. Дійсно, людському розуму важко відійти від того, що вже існує, щоб уявити щось абсолютно нове, а саме радикально нові ідеї, які економісти називають підривними інноваціями. Тому неможливо передбачити, як відреагують споживачі.

- Нарешті, хоча стратегія блакитного океану підкреслює важливість інновацій та створення ринків, які є дуже актуальними в нинішніх умовах, вона не пояснює, чому так мало компаній використовують цей підхід. Дійсно, більшість підприємств просто працюють над оптимізацією своїх існуючих послуг та продуктів.

ЧИТАТИ ДАЛІ

БІБЛІОГРАФІЯ

Казальс, Ф. (2009) Стратегія «Блакитний океан» у війні. *Stratégies innovantes*. [Онлайн]. [Accessed 23 May 2014]. Доступно з Інтернет-архіву: <http://cazals.fr/strategie-ocean-bleu-de-la-wii/>.

Déméter et Kotler. (2012*) Блакитний та червоний океани.* [Онлайн]. [Доступно 23 травня 2014 року]. Available from: <http://demeteretkotler.com/2012/07/11/ocean-bleu-ocean-rouge/>.

Сайт *Інституту стратегії блакитного океану INSEAD.* http://www.insead.edu/blueoceanstrategyinstitute/home/index.cfm

Кім, В. К. и Моборн, Р. (2015) *Стратегія Блакитного океану: Як створити безконфліктний ринковий простір і зробити конкуренцію неактуальною.* Брайтон, Массачусетс: Harvard Business Publishing.

Котлер, П. та Келлер, К. Л. (2015) *Маркетинговий менеджмент.* Харлоу, Ессекс: Pearson Education Limited.

Ролан, О. (2010) Стратегія блакитного океану. *Des Livres pour changer la vie.* [Онлайн]. [Accessed 23 May 2014]. Режим доступу: <http://www.des-livres-pour-changer-de-vie.fr/strategie-ocean-bleu/>.

Саразін, Б. (2013) Чому метод Блакитного океану не є достатнім. *Le blog de l'innovation de rupture.* [Онлайн]. [Accessed 23 May 2014]. Режим доступу: <http://benoitsarazin.com/francais/2013/10/methode-blue-ocean-suffit-pas.html>.

Табатоні, П. (2005) *Інновації, безлад, прогрес*. Paris: Economica.

Timos, L., Ghoggal, M. и Poubady, B. (Без даты) Аналіз стратегіч-
ного маркетингу: Nintendo Wii. *Лоран Тімос*. [Онлайн].
[Доступно 23 травня 2014 року]. Доступно з: <http://www.
laurent-timos.esy.es/mes-projets/dut-src/>.

*Ми хочемо почути вас!
Залишайте коментарі в онлайн-бібліотеці
та діліться улюбленими книгами в соціальних мережах!*

IMPROVE YOUR GENERAL KNOWLEDGE
IN THE BLINK OF AN EYE!

www.50minutes.com

Видавець забезпечує достовірність опублікованої інформації,
за яку, однак, не несе відповідальності.

Майстер ISBN: 9782808601108
Паперовий ISBN: 9782808602556
Юридичний депозит: D/2022/12603/256

Цифровий дизайн: Primento,
цифровий партнер видавництва.